Italienische Blitzmenüs

Urlaubsgenuss im Handumdrehen

> Autorin: Margit Proebst | Fotos: Michael Boyny

Inhalt

Die Theorie

Die Rezepte

Extra

Presto, prestissimo...

Italien: Urlaubsland unserer Träume, mit einer Küche, die uns ins Schwelgen geraten lässt. Sie werden sehen, es ist ganz leicht, ein wenig mediterranes Flair in den Alltag herüberzuretten. Sie brauchen dazu ein paar frische Zutaten, etwas heitere Gelassenheit und vor allem Zeit. Sie meinen, das sei ein Widerspruch zum Titel des Buches? Überhaupt nicht! Die köstlichen italienischen Blitzgerichte sind im Nu gemacht und ganz einfach zu einem Menü zusammengestellt.
So bleibt Ihnen umso mehr Zeit zum Genießen mit Ihren Lieben – und darauf kommt es schließlich an bei »la dolce vita all'italiana«.

Die acht Highlights der italienischen Küche

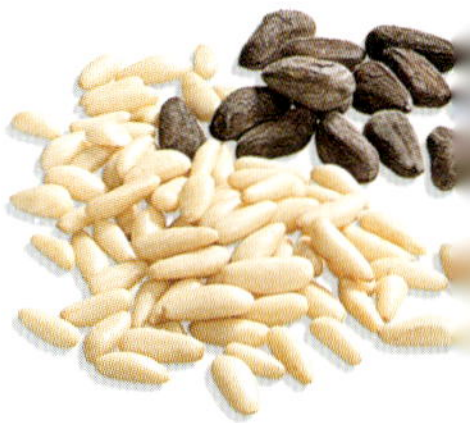

Tomaten: Aromatische Tomaten sind ein Hochgenuss. Außerhalb der Saison sollten Sie für Suppen und Saucen lieber auf geschälte Tomaten aus der Dose und auf Tomatenmark zurückgreifen. Zum Salat oder klassisch mit Mozzarella und Basilikum können Sie unter Fleisch-, Strauch-, Eier- oder Kirschtomaten wählen. Getrocknete, in Öl eingelegte Tomaten schmecken pur als Antipasti oder verfeinern Pastasaucen und andere Gerichte.

Pasta: Spaghetti, Tagliatelle, Penne, Linguine – italienische Nudelsorten gibt es zu viele, um sie alle aufzuzählen. Sie werden aus Hartweizen (grano duro) hergestellt und lassen sich mit allerlei Saucen oder Pasten zu köstlichen Vor- und Hauptgerichten ergänzen. Sorten mit Eiern und Zusätzen wie Safran, Spinat, Tomaten, Pilzen oder Tintenfischtinte sind leckere Varianten. Immer jedoch sollten sie frisch gekocht und »al dente«, d. h. bissfest, gegart werden.

Kräuter: Frische Kräuter wie Basilikum, Rosmarin, Thymian und Salbei geben der italienischen Küche ein unverwechselbares Aroma und dazu ein appetitliches Aussehen. Dank reichlich Vitaminen und Spurenelementen sind sie außerdem sehr gesund. Rucola hat seinen Siegeszug durch die Küchen Europas angetreten. Völlig zu Recht, denn das würzige Kräutlein gibt nicht nur Salaten den rechten Pfiff, sondern schmeckt auch auf Crostini, auf Pizza oder in Nudelgerichten.

Pinienkerne und Nüsse: Pinienkerne sind die Samen der Pinien und müssen mühsam aus den Zapfen geschält werden. Das erklärt ihren stolzen Preis. Eine Hand voll davon im Salat oder zu Pesto (Seite 11) verarbeitet – schon wird aus einem schlichten Gericht ein Schlemmermahl. Goldbraun geröstet entfalten sie ihr fein-würziges Aroma am besten. Ebenso wie Walnüsse sind sie reich an den wichtigen ungesättigten Fettsäuren.

Olivenöl und Aceto balsamico: Jede Region hat ihr eigenes Olivenöl, das je nach Bodenbeschaffenheit und Klima ein wenig anders schmeckt. Zum Salat und zum Einlegen von Antipasti verwenden Sie am besten Olio d'oliva extra vergine.
Ein Muss für Feinschmecker: Aceto balsamico. Er reift über Monate, ganz edle Sorten sogar über Jahre, im Eichenfass. Da genügt schon eine kleine Menge, um Salaten oder Saucen das typische weiche, fein-säuerliche Aroma zu verleihen.

Käse: Die bekanntesten sind Gorgonzola, ein cremiger Edelpilzkäse; Taleggio, ein würziger Weichkäse; Scamorza, ein schnittfester Kuhmilchkäse, der besonders geräuchert sehr lecker ist und Pecorino, der Ziegenkäse (je nach Alter und Region mild oder herzhaft). Nicht zu vergessen natürlich der Parmesan: frisch gerieben auf Pasta, in Spänen im Salat oder pur zum Rotwein. Ricotta und Mascarpone sind Frischkäsesorten, die sich auch für Desserts gut eignen.

Schinken, Bresàola und Würste: Luftgetrockneter Parmaschinken, Mortadella und Salami sind auch bei uns erhältlich. Bresàola, eine geräucherte und luftgetrocknete Rindfleischspezialität, ähnlich dem Bündner Fleisch gibt es seltener und ist, in hauchdünne Scheiben geschnitten, auf geröstetem Weißbrot oder im Salat ein Hochgenuss. Etwas Schinken und Salami mit Oliven und eingelegten Artischockenherzen ergeben ein schnelles Antipasto.

Ciabatta und Focaccia: Ciabatta, das knusprige Weißbrot, hat auch bei uns Einzug gehalten. Aus dem Brot vom Vortag macht man Crostini: Dafür werden die Brotscheiben goldbraun aufgebacken, mit feinen Pasten bestrichen und zum Aperitif serviert. Foccacia, eine Spezialität aus Ligurien und der Toskana, ist ein auf dem Blech gebackenes Fladenbrot, oft mit Kräutern und Olivenöl verfeinert, und ersetzt schon mal die Beilage.

Italienische Menüs

So stellen Sie sie zusammen

Im Alltag hat man selten Zeit und Lust, umfangreiche Menüs zu kochen, dennoch kann auch da ein wenig »Italianità« nicht schaden. Servieren Sie einen Salat als Vorspeise, als Hauptgericht Pasta und zum Dessert frische Früchte der Saison. Ein Espresso, dazu ein Amarettino (Mandelkeks), beschließen das kleine Menü.
Für Festtage oder Gäste erweitern Sie das Menü folgendermaßen: Reduzieren Sie die Pasta- oder Risottomenge und reichen danach ein kleines Fleisch- oder Fischgericht mit Salat oder Gemüse. Ein süßes Dessert oder Obst, vielleicht etwas Käse und ein Espresso komplettieren das Mahl.
Bei besonderen Gelegenheiten bieten Sie Crostini zum Aperitif an. Als ersten Gang gibt es kalte Antipasti, danach eine kleine Portion Pasta oder Risotto. Als Hauptgericht servieren Sie etwas Fleisch oder Fisch, dazu eine Gemüse- oder Kartoffelbeilage. Zum Abschluss dann ein süßes Dessert und/oder Käse, danach den Caffè und einen Digestif, z. B. einen Amaro oder Grappa.
Detaillierte Menüvorschläge mit den Gerichten dieses Buches finden Sie auf Seite 58 und 59. Nun legen Sie noch eine CD von Lucio Dalla oder Gianna Nannini auf und der Urlaubsstimmung steht nichts mehr im Weg …

CHECKLISTE FÜR FESTE

Daran sollten Sie bei der Menüplanung denken:

- ✗ Nur kein Stress: Kombinieren Sie höchstens ein zeitaufwändiges Gericht mit schnellen anderen Gängen.
- ✗ Alle haltbaren Zutaten bereits einige Tage vorher besorgen, Fleisch oder Fisch eventuell vorbestellen.
- ✗ Am Festtag nur noch die frischen Zutaten wie Salate, Brot etc. einkaufen.
- ✗ Getränke bereits einige Tage vorher kaufen oder liefern lassen.
- ✗ Haben Sie ausreichend Geschirr? Eventuell Geschirr, Besteck und Gläser beim Partyservice mieten (Adressen finden Sie in den »Gelben Seiten«).
- ✗ An Servietten, Kerzen, eventuell Namenskärtchen und Material für die Tischdekoration denken.
- ✗ Bevor die Gäste kommen: Mindestens eine Stunde Zeit zum Duschen, Umziehen und Ausruhen einplanen!

Aperitif

Zu leckeren Crostini sagt keiner nein. Mit einem Glas Prosecco ergeben sie den vielversprechenden Auftakt zu einem klassisch italienischen Menü.

1

3

Der Abschluss

Ein Espresso, italienisch kurz Caffè genannt, und ein Grappa zum Abschluss sorgen für gute Verdauung.

Frisches Weißbrot

Das gehört immer dazu, zu kalten Antipasti ebenso wie zum Auftunken einer Sauce.

2

Die passenden Getränke

Aperitifs: Um die Zeit bis zum Essen zu verkürzen und den Magen auf die folgenden Genüsse einzustimmen, offerieren Sie Ihren Gästen einen Aperitif. Das kann ein Aperol oder Campari – mit Soda oder Orangensaft – sein oder ein Cynar, auf Eis oder mit Mineralwasser verdünnt. Wer fruchtige Aperitifs vorzieht, wählt einen »Bellini«, püriertes Pfirsichmark mit Prosecco aufgegossen.

Prosecco: Die Proseccotraube wird vor allem in Venetien und im Friaul kultiviert und hauptsächlich, aber nicht nur (es gibt auch eine nicht moussierende Variante), zu Schaumwein verarbeitet. Der Prosecco hat sich in den letzten Jahren bei uns zu einem überaus beliebten Getränk entwickelt, das für den kleinen Umtrunk im Büro ebenso passt wie als Aperitif zu einem festlichen Menü.

Wein: Italien ist ein typisches Weinland mit ausgedehnten Anbaugebieten und dem mildwarmen Klima, das eine Vielzahl feiner Tropfen hervorbringt. Sie finden in diesem Buch zu vielen Gerichten eine Weinempfehlung, aber natürlich müssen Sie selbst probieren, um Ihre Lieblingssorten herauszufinden. Wein wird in Italien übrigens nur zum Essen getrunken, eine Sitte, die wir uns zum Vorbild nehmen sollten, denn in kleinen Mengen getrunken wirkt sich Wein sehr günstig auf die Gesundheit aus.

Dessertweine: Am be kanntesten ist der Marsala, der trocken (secco und lieblich (dolce) angeboten wird. Er passt gut zum Dessert, findet aber auch in Süßspeise und Saucen Verwendung. Ebenfalls sehr geschätzt ist der Vin santo (»heiliger Wein«), der wie Likör in kleinen Gläsern nach dem Essen gereicht wird.

igestifs: Ein Schnäps-
hen für die Verdauung
ird auch in Italien ger-
e getrunken. Wählen
ie einen Amaro (Kräu-
erbitter), Grappa (Tres-
erschnaps) oder Wein-
rand, z. B. Vecchia
omagna. Damit findet
in mehrgängiges Menü
inen würdigen Ab-
chluss.

Alkoholfreies: Zu jedem Essen kommt in Italien ein Krug mit frischem, gekühltem Wasser auf den Tisch. Wer im Restaurant Mineralwasser bestellt, entscheidet sich zwischen Acqua gassata (mit) und Acqua naturale (ohne Kohlensäure). Nicht nur Kinder lieben die leckeren Fruchtsäfte, z. B. Succo di Albicocca (Aprikosensaft) oder Succo di pera (Birnensaft) in den kleinen Glasfläschchen. Frisch gepresster Saft heißt Spremuta.

Kaffee: Italienischer Kaffee wird dunkel geröstet, schmeckt dadurch angenehm würzig und ist überdies sehr bekömmlich. Nach dem Essen nimmt man in Italien einen Espresso, kurz Caffè genannt. In einen »echt« italienischen Haushalt gehört unbedingt eine Espressomaschine: ob eine kleine Macchinetta aus Aluminium oder eine edle, mit Druck arbeitende Profimaschine mit Milchschaumdüse, das bleibt Ihrem Geschmack und Geldbeutel überlassen.

Cappuccino und Co.: Wer einen Schuss Milch im Kaffee mag, bestellt einen Caffè macchiato (ital. befleckt). Zum Frühstück und tagsüber zu allen Gelegenheiten beliebt sind der Cappuccino (Espresso mit geschäumter Milch), der Caffè latte (Milchkaffee) oder der Latte macchiato (viel Milch mit wenig Kaffee). Und ein Caffè mit einem Schuss Grappa ist ein Caffè corretto.

Grundrezept

Gemüseantipasti wie gebratene Austernpilze, Zucchini und Auberginen sind schnell gemacht und bei jedermann beliebt. Im Kühlschrank halten sie tagelang, es lohnt sich also, gleich ein bisschen mehr davon zuzubereiten. So haben Sie immer eine feine vegetarische Vorspeise zur Hand.

Pilzantipasti

FÜR 4 PERSONEN

- 500 g Austernpilze
- 8 EL Olivenöl
- 2 Knoblauchzehen
- 1 Bund Petersilie
- 4 EL Zitronensaft
- Salz | Pfeffer

TIPP

Gemüseantipasti

In derselben Weise können Sie Zucchini- und Auberginenscheiben oder Paprikastücke vorbereiten und nach Lust und Laune mit Thymian, Salbei oder Oregano immer wieder anders würzen.

1 *Von den Austernpilzen die dicken Stiele entfernen, kleine Pilze ganz lassen, große in Stücke schneiden.*

2 *Die Pilze in 4 EL Olivenöl goldbraun braten. Durchgepressten Knoblauch, gehackte Petersilie, Salz und Pfeffer hinzufügen.*

3 *In eine Schale füllen und lauwarm mit Zitronensaft und dem restlichen Olivenöl beträufeln.*

Basisrezept Pesto

Pesto ist eine würzige Paste aus Kräutern, Parmesan, gerösteten Pinienkernen, Knoblauch und Olivenöl und eignet sich als Aufstrich für Bruschetta und Crostini, als Sauce für Pasta und Gnocchi und als Füllung für Rouladen. Und so bereiten Sie das Pesto zu: Alle Zutaten entweder in einem Mörser fein verreiben oder mit einem Pürierstab aufmixen. Olivenöl hinzufügen: für Crostini und zum Füllen von Rouladen 2 EL, für Nudel- und Gnocchisaucen bis zu 6 EL. Zum Aufbewahren in ein sauberes Schraubglas füllen und die Oberfläche mit Olivenöl bedecken. So hält es sich im Kühlschrank über Wochen und Sie können damit schnell etwas Leckeres zaubern.
Die Rezepte ergeben jeweils etwa 120 g Pesto (für etwa 20 Crostini, 4–6 Involtini oder 500 g Nudeln).

Basilikumpesto

➤ 1 Bund Basilikum
30 g geröstete Pinienkerne
30 g Parmesan, frisch gerieben
1 Knoblauchzehe
Olivenöl
Salz | Pfeffer

1

Rucolapesto

➤ 1 Bund Rucola
30 g geröstete Pinienkerne
30 g Parmesan, frisch gerieben
Olivenöl
1 Knoblauchzehe
Salz | Pfeffer

2

Tomatenpesto

➤ 10 getrocknete Tomaten (in Öl eingelegt)
30 g geröstete Pinienkerne
30 g Parmesan, frisch gerieben | 1 Knoblauchzehe
1 Peperoncino (getrocknete Chilischote) | Salz

3

Haselnusspesto

➤ 80 g geröstete Haselnusskerne
30 g Parmesan, frisch gerieben
1 Knoblauchzehe
Olivenöl
Salz | Pfeffer

4

Antipasti: Vorspeisen und Salate

Durch einen gelungenen Auftakt wird aus einem einfachen Essen ein schönes Mahl. Ob als kleiner Snack zum Aperitif oder als richtige Vorspeise, ob als erster Gang eines opulenten Menüs oder als sommerliches Abendessen – italienischen Antipasti kann so leicht keiner widerstehen...

Blitzrezepte

Tomaten mit Mozzarella
Caprese

FÜR 4 PERSONEN

➤ **4 reife Fleischtomaten (etwa 600 g) 250 g Büffelmozzarella (ersatzweise aus Kuhmilch) | 1 Bund Basilikum 6 EL Olivenöl extra vergine | Salz Pfeffer**

1 | Tomaten waschen und in Scheiben schneiden. Mozzarella in Scheiben schneiden. Basilikum waschen.

2 | Abwechselnd Tomaten und Mozzarella dachziegelartig überlappend auf vier Tellern anrichten, Basilikumblätter darauf verteilen. Salzen, pfeffern und mit Olivenöl beträufeln.

Melone mit Schinken
Prosciutto e melone

FÜR 4 PERSONEN

➤ **1 Honigmelone | 12 Scheiben Parmaschinken (etwa 150 g) | 12 Holzzahnstocher**

1 | Die Melone in 12 Spalten schneiden, die Kerne entfernen und das Fruchtfleisch von der Schale schneiden. Je 3 Melonenspalten auf einem Teller anrichten.

2 | Den Schinken locker zusammendrehen und mit 1 Zahnstocher auf dem Melonenschiffchen als »Segel« fest stecken.

preiswert

Röstbrot mit Tomaten

Bruschetta ai pomodori

FÜR 4 PERSONEN

- 4 reife Fleischtomaten (etwa 600 g)
- 2 Stängel Basilikum
- 6 EL Olivenöl
- 1 Knoblauchzehe
- 4 große Scheiben italienisches Weißbrot (2 cm dick geschnitten)
- Salz | Pfeffer

Zubereitung: 20 Min.

➤ Pro Portion etwa: 250 kcal

1 | Die Tomaten kurz mit kochendem Wasser überbrühen, häuten und quer durchschneiden und entkernen. Das Fruchtfleisch in kleine Würfel schneiden und mit Salz und Pfeffer würzen. Das Basilikum waschen, die Blättchen in feine Streifen schneiden und unter die Tomatenwürfel mengen.

2 | Den Knoblauch schälen und zu dem Olivenöl pressen. Die Brotscheiben mit dem Knoblauchöl bepinseln. Das Brot von beiden Seiten knusprig rösten (siehe Tipp). Noch warm mit den marinierten Tomatenwürfeln belegen und dann einfach reinbeißen!

➤ Getränk: Leichter Rotwein oder Bier

gelingt leicht | für Gäste

Crostini mit Bresàola

Crostini con bresàola

FÜR 4 PERSONEN

- 1/2 Bund Basilikum
- 100 g Ricotta
- 6 Kirschtomaten
- 12 Scheiben Baguette
- 12 Scheiben Bresàola (ersatzweise 6 Scheiben San Daniele-Schinken)
- 2 EL geröstete Pinienkerne
- Salz | Pfeffer

Zubereitung: 20 Min.

➤ Pro Portion etwa: 420 kcal

1 | Das Basilikum waschen. 12 schöne Blättchen abzupfen und für die Dekoration beiseite legen. Die übrigen Blätter in feine Streifen schneiden und mit dem Ricotta verrühren. Mit Salz und Pfeffer würzig abschmecken. Die Tomaten waschen und halbieren.

2 | Die Baguettescheiben goldbraun rösten (siehe Tipp). Noch warm mit der Basilikumcreme bestreichen. Jeweils 1 Scheibe Bresàola zur Rosette drehen und darauf legen. Mit 1 Basilikumblatt, ein paar gerösteten Pinienkernen und 1/2 Kirschtomate garnieren und sofort servieren.

➤ Getränk: Prosecco

TIPPS

➤ Als Aufstrich für Crostini eignen sich auch alle Pestosorten von Seite 11. Besonders lecker schmecken folgende Kombinationen:
Rucolapesto und Parmaschinken,
Basilikumpesto und Räucherlachs,
Haselnusspesto und geräucherte Putenbrust,
Tomatenpesto und gebratene Scampi.

➤ Brot rösten Sie entweder im Toaster oder unter dem Backofengrill bei 150°.

im Bild vorne: Crostini mit Bresàola *im Bild hinten:* Röstbrot mit Tomaten ➤

schmeckt auch kalt

Gratinierter Fenchel

Finocchi gratinati

FÜR 4 PERSONEN

- 4 junge Fenchelknollen
- 1 unbehandelte Zitrone
- 50 g Parmesan, frisch gerieben
- 50 g Butter
- Muskatnuss | Salz | Pfeffer

Zubereitung: 35 Min.
Pro Portion etwa: 170 kcal

1 | Salzwasser zum Kochen bringen. Fenchel waschen und vierteln, das Grün beiseite legen. Zitrone heiß waschen und in dicke Scheiben schneiden. Fenchel mit Zitrone in 10–12 Min. weich kochen und abgießen. Backofen auf 220° vorheizen.

2 | Fenchelgrün fein hacken, mit Parmesan mischen. Gratinform fetten, Fenchel hineingeben. Pfeffern, mit Parmesan bestreuen und restliche Butter in Flöckchen darauf verteilen. Im Backofen (Mitte, Umluft 200°) goldbraun gratinieren.

für Gäste | vegetarisch

Auberginenröllchen

Involtini di melanzane

FÜR 12 STÜCK

- 2 Auberginen (etwa 600 g)
- 1 Knoblauchzehe
- 6 EL Olivenöl
- 2 Zweige Thymian
- 100 g entsteinte grüne Oliven
- 50 g gemahlene Mandeln
- 1 TL Honig
- 200 g Ricotta salata (ersatzweise milder Schafkäse)
- Salz | Pfeffer
- Holzzahnstocher

Zubereitung (ohne Kühlzeit): 40 Min.
Pro Stück etwa: 90 kcal

1 | Auberginen waschen und längs in 1 cm dicke Scheiben schneiden. Mit reichlich Salz bestreuen und 5 Min. Wasser ziehen lassen. Backofen auf 200° vorheizen. Knoblauch schälen, zum Olivenöl pressen und verrühren. Thymian fein hacken.

2 | Auberginen ausdrücken, trockentupfen und auf ein Backblech legen. Mit dem Knoblauchöl bestreichen und im Backofen (Mitte, Umluft 180°) in 8–10 Min. beidseitig goldbraun grillen. Herausnehmen, mit Salz, Pfeffer und Thymian bestreuen und vollständig abkühlen lassen.

3 | Oliven bis auf 12 mit Mandeln, Honig, etwas Salz und Pfeffer cremig pürieren. Den Käse in Streifen oder Stifte schneiden. 12 Auberginenscheiben mit Creme bestreichen und mit Käse belegen. Aufrollen und 1 Olive mit 1 Zahnstocher darauf stecken.

TIPP

Die gegrillten Auberginen bereichern – mit etwas Zitronensaft und Olivenöl mariniert – auch ungefüllt jedes Antipasti-Büfett. Sie können sie auch fein hacken und mit der Oliven-Mandelcreme gemischt als Aufstrich verwenden.

für Gourmets

Gebratener Trevisano

Trevisano trifolato

FÜR 4 PERSONEN

- 4 Trevisano (ersatzweise Chicorée)
  6 EL Olivenöl
  2 EL Pinienkerne
  2 EL Aceto balsamico
  1 EL Honig
  Salz | Pfeffer

Zubereitung: 15 Min.

- Pro Portion etwa: 195 kcal

1 | Trevisanostauden waschen, auf Küchenpapier abtropfen lassen und längs halbieren, dabei eventuell die äußeren Blätter entfernen.

2 | In einer Pfanne Olivenöl erhitzen und Trevisano darin anbraten. Bei mittlerer Hitze auf jeder Seite 3–4 Min. braten, Pinienkerne, Balsamessig und Honig hinzufügen.

3 | Trevisano braten und wenden, bis er rund herum goldbraun ist. Zum Schluss salzen und pfeffern und sofort heiß als Vorspeise servieren.

- Beilage: Weißbrot zum Auftunken der Sauce
- Getränk: Nicht zu trockener Weißwein, z. B. Frascati

TIPP

Trevisano ist mit dem Radicchio verwandt, schmeckt aber zarter und weniger bitter. Er ist leider schwer zu bekommen, Sie können das Rezept aber auch wunderbar mit Chicorée zubereiten.

gelingt leicht fürs Büfett

Spinat mit Pinienkernen

Spinaci ai pinoli

FÜR 4 PERSONEN

- 500 g junger Blattspinat
  Muskatnuss, frisch gerieben
  3 Knoblauchzehen
  3 EL Pinienkerne
  2 EL Zitronensaft
  1 Prise Zucker
  6 EL Olivenöl
  Salz | Pfeffer

Zubereitung: 25 Min.

- Pro Portion etwa: 235 kcal

1 | Spinat gründlich waschen, tropfnass in einen großen Topf geben. Etwas Salz und Muskatnuss hinzufügen. Knoblauch schälen, zerdrücken und dazugeben. Zugedeckt erhitzen, bis man den Deckel nicht mehr anfassen kann. Die Hitze zurückschalten und den Spinat 5 Min. zugedeckt garen, durch ein Sieb abgießen und etwas abkühlen lassen.

2 | Pinienkerne in einer Pfanne ohne Fett bei schwacher Hitze unter Wenden goldbraun rösten. Aus Zitronensaft, 1 Prise Salz und Zucker, Pfeffer und Olivenöl eine Marinade rühren. Spinat in eine flache Form geben – Knoblauch dabei entfernen – mit Marinade beträufeln und mit Pinienkernen bestreuen.

- Warm als Beilage zu kurz gebratenem Fleisch oder Fisch und kalt zu einem Antipasti-Büfett
- Getränk: Samtiger Rotwein, z. B. Dolcetto

im Bild vorne: **Spinat mit Pinienkernen** *im Bild hinten:* **Gebratener Trevisano**

Spezialität aus Florenz

Brotsalat

Panzanella

FÜR 4 PERSONEN

- 4 Scheiben altes Weißbrot (etwa 200 g)
- 3 Knoblauchzehen
- 2 kleine Zucchini
- 5 EL Olivenöl zum Braten
- 1 kleiner Romanasalat
- 2 gelbe Paprikaschoten
- 4 Tomaten (etwa 400 g)
- 1 rote Zwiebel
- 2 EL weißer Aceto balsamico
- 4 EL Olivenöl für das Dressing
- Salz | Pfeffer

Zubereitung: 30 Min.

Pro Portion etwa: 415 kcal

1 | Brot in Würfel schneiden. Knoblauch schälen. Zucchini waschen, putzen und in Scheiben schneiden. In einer beschichteten Pfanne 3 EL Olivenöl erhitzen, Brot und 1 angedrückte Knoblauchzehe darin goldbraun rösten. Zucchini in 2 EL Öl mit 1 Knoblauchzehe goldbraun braten. Salzen, pfeffern und etwas abkühlen lassen.

2 | Salat waschen und in breite Streifen schneiden. Paprika waschen, putzen und in kleine Rauten schneiden. Tomaten waschen und achteln. Zwiebel schälen, halbieren und in Spalten schneiden.

3 | Essig mit Salz, viel frisch gemahlenem Pfeffer und Olivenöl verrühren. Eine Salatschüssel mit 1 halbierten Knoblauchzehe ausreiben, alle Zutaten hineingeben und behutsam mit der Sauce mischen. Sofort servieren.

gelingt leicht | für Gäste

Rucola mit Parmesan

Insalata di rucola

FÜR 4 PERSONEN

- 2 große Bund Rucola
- 4 EL Pinienkerne
- 50 g Parmesan (am Stück)
- 2 kleine Schalotten
- 2 EL Aceto balsamico
- 4 EL Olivenöl
- 250 g Kirschtomaten
- Salz | Pfeffer

Zubereitung: 15 Min.

Pro Portion etwa: 250 kcal

1 | Rucola waschen und gut abtropfen lassen. Pinienkerne in einer Pfanne ohne Fett bei schwacher Hitze goldbraun rösten, dann abkühlen lassen.

2 | Schalotten abziehen und fein hacken. Aus Essig, Schalotten, Salz, Pfeffer und Olivenöl eine Salatsauce rühren.

3 | Rucola in mundgerechte Stücke zupfen und auf vier Tellern anrichten. Tomaten waschen, halbieren und darauf geben. Mit einem Sparschäler vom Parmesan Späne abhobeln und auf den Salaten verteilen. Mit Sauce überziehen und mit Pinienkernen bestreuen.

- Varianten: Mit Schinken oder gebratenen Scampi lässt sich aus dieser Vorspeise ein leichtes Abendessen zaubern.
  Statt Parmesan und Pinienkernen sollten Sie unbedingt auch Gorgonzola und Walnüsse versuchen.
- Beilage: Ciabattabrot
- Getränk: Weißwein, z. B. Pinot grigio

im Bild vorne: **Rucola mit Parmesan** *im Bild hinten:* **Brotsalat**

gelingt leicht

Artischocken
Carciofi alla casalinga

FÜR 4 PERSONEN

- 4 große Artischocken
- 1 Knolle Knoblauch
- 4 EL Olivenöl
- Salz | Pfeffer

Zubereitung: 20 Min.
Pro Portion etwa: 115 kcal

1 | Artischocken waschen und harte Spitzen mit einer Küchenschere abschneiden, den Stiel knapp am Boden kappen. Die Knoblauchzehen von der Knolle lösen und schälen, Artischockenblätter spreizen und den Knoblauch tief dazwischen stecken.

2 | Einen Topf, in dem die 4 Artischocken gerade Platz finden, etwa 5 cm hoch mit Salzwasser füllen und zum Kochen bringen. Artischocken hineinstellen, kräftig salzen, pfeffern, mit je 1 EL Olivenöl beträufeln. Zugedeckt bei mittlerer Hitze 12–15 Min. garen, bis sich die Blätter leicht herausziehen lassen.

TIPP

Knoblauchdipp

2 Eigelbe, 1 TL Senf, etwas Salz und 1 EL Zitronensaft mit dem Mixer 2 Min. aufschlagen. 1/8 l Olivenöl tropfenweise unterrühren, bis eine cremige Mayonnaise entsteht.
3 gepresste Knoblauchzehen, 2 EL gehackte Petersilie, 100 g Crème fraîche, Salz und Pfeffer unterziehen.

gut vorzubereiten

Meeresfrüchtesalat
Antipasto di mare

FÜR 8 PERSONEN

- 1 kg gemischte Meeresfrüchte ohne Schalen (frisch oder TK)
- Olivenöl
- 100 ml Weißwein (ersatzweise Wasser und 2 EL Zitronensaft)
- 1 Bund Petersilie
- 4 Knoblauchzehen
- 4 EL Zitronensaft
- Salz | Pfeffer

Zubereitung: 20 Min.
Marinierzeit: 2 Std.
Pro Portion etwa: 145 kcal

1 | Meeresfrüchte waschen und abtropfen bzw. auftauen lassen. In einer Pfanne 4 EL Öl erhitzen und Meeresfrüchte darin anbraten. Nach 2 Min. mit Weißwein ablöschen und zugedeckt bei mittlerer Hitze etwa 5 Min. schmoren.

2 | Für die Marinade Petersilie waschen und fein hacken. Knoblauch schälen und in Blättchen schneiden. Zitronensaft mit Salz, Pfeffer, Petersilie, Knoblauch und 100 ml Olivenöl verrühren.

3 | Meeresfrüchte salzen und pfeffern und abkühlen lassen. Lauwarm in die Marinade geben und mindestens 2 Std. im Kühlschrank ziehen lassen.

TIPPS

In Fertigmischungen von Meeresfrüchten findet sich immer häufiger Surimi. Das sind minderwertige gepresste Fischabfälle, auf die Sie verzichten sollten. Also aussortieren oder die Meeresfrüchte selbst zusammenstellen!

im Bild vorne: **Artischocken** *im Bild hinten:* **Meeresfrüchtesalat**

Primi piatti: Pasta, Gnocchi und Risotto

Was wäre die italienische Küche ohne ihre Nudel- und Reisgerichte? Längst haben sie auch bei uns einen festen Platz auf dem Speisezettel erobert. Ob mit Tomaten- oder Sahnesauce, vegetarisch oder mit Fisch oder Fleisch – die Variationsmöglichkeiten sind schier grenzenlos. Die folgenden Rezepte reichen als Vorspeise für 5–6 Personen, mit einem gemischten Salat werden daraus Hauptgerichte für 4 Personen.

Blitzrezepte

Knoblauchspaghetti

Spaghetti aglio e olio

FÜR 4 PERSONEN

➤ 400 g Spaghetti | 8 Knoblauchzehen
2 Peperoncini | 2 Stängel Petersilie
8 EL Olivenöl | Salz | Pfeffer

1 | Spaghetti in reichlich Salzwasser in etwa 10 Min. bissfest kochen, dann abgießen. Knoblauch schälen und in feine Scheiben schneiden. Peperoncini und Petersilie fein hacken.

2 | Olivenöl in einer großen Pfanne erhitzen, Knoblauch und Peperoncini darin anbraten. Spaghetti und Petersilie dazugeben und kurz durchschwenken. Mit Salz und Pfeffer würzen.

Zitronennudeln

Linguine al limone

FÜR 4 PERSONEN

➤ 400 g Linguine (ersatzweise Tagliatelle)
150 g Mascarpone | 4 EL Zitronensaft
und 2 TL -schale | 100 g Parmesan, frisch gerieben | 4 Stängel Zitronenmelisse | Salz | Pfeffer

1 | Linguine in Salzwasser in etwa 8 Min. bissfest garen. Mascarpone in einer angewärmten Schüssel mit Zitronensaft, -schale und Parmesan verrühren, mit Salz und Pfeffer würzig abschmecken.

2 | Nudeln abgießen und sofort heiß mit der Käsecreme mischen. Zitronenmelisse in Streifen schneiden und unterheben.

kinderleicht

Tortellini »Aurora«

FÜR 4 PERSONEN

- **Salz**
- **1 Dose stückige Tomaten (400 g)**
- **200 g Sahne**
- **1 Knoblauchzehe**
- **Cayennepfeffer**
- **4 Stängel Basilikum**
- **500 g Tortellini (Füllung nach Wunsch)**
- **Parmesan zum Bestreuen**

Zubereitung: 15 Min.
Pro Portion etwa: 460 kcal

1 | Salzwasser für die Tortellini zum Kochen bringen. Währenddessen in einer großen Pfanne Tomaten mit Sahne erwärmen und bei mittlerer Hitze sämig einkochen lassen. Knoblauch schälen, dazupressen und mit Salz und Cayennepfeffer abschmecken. Basilikum waschen, Blätter in feine Streifen schneiden.

2 | Tortellini kochen lassen, bis alle an der Oberfläche schwimmen, dann abgießen. Zur Sauce in die Pfanne geben, Basilikum darüber streuen und kurz durchschwenken. Sofort mit Parmesan servieren.

Getränk: Rotwein, z. B. Chianti

Klassiker

Rigatoni mit Brokkoli und Gorgonzola

Rigatoni con broccoli e gorgonzola

FÜR 4 PERSONEN

- **500 g Brokkoli**
- **1 unbehandelte Zitrone**
- **1 Zwiebel**
- **2 Knoblauchzehen**
- **30 g Butter**
- **150 g Gorgonzola**
- **150 g Sahne**
- **400 g Rigatoni**
- **Salz | weißer Pfeffer**
- **Muskatnuss**

Zubereitung: 30 Min.
Pro Portion etwa: 800 kcal

1 | Brokkoli in Röschen teilen und waschen. Zitrone heiß waschen und in dicke Scheiben schneiden. Salzwasser zum Kochen bringen, Brokkoli und Zitrone darin 5 Min. sprudelnd kochen lassen, dann abgießen. Zitronenscheiben entfernen.

2 | Wasser für die Rigatoni aufstellen. Zwiebel und Knoblauch schälen und fein hacken. In einer großen Pfanne Butter schmelzen, Zwiebel und Knoblauch darin glasig dünsten. Käse grob würfeln und mit Sahne hinzufügen.

3 | Nudeln mit Salz in das kochende Wasser geben und in 10–12 Min. bissfest garen. Gleichzeitig die Gorgonzola-Sahne unter Rühren köcheln lassen, bis eine cremige Sauce entsteht. Brokkoli darin erwärmen. Mit Salz, Pfeffer und Muskat würzig abschmecken. Nudeln abgießen und mit der Sauce mischen.

Varianten: Wer mag, gibt noch Schinkenstreifen dazu (wie auf dem Foto). Statt Brokkoli schmeckt auch Spinat.

im Bild vorne: **Rigatoni mit Brokkoli und Gorgonzola** *im Bild hinten:* **Tortellini »Aurora«**

POMODORI
CAROTE
PEPERONI
PISELLI
CIPOLLE
PISELLI
CIPOLLE

vegetarisch
für Gäste

Farfalle mit Zucchini

Farfalle con zucchini

FÜR 4 PERSONEN

- 1 Zwiebel
- 500 g Zucchini
- 100 g Walnusskerne
- 400 g Farfalle
- 30 g Butter
- 200 g Sahne
- Salz | Cayennepfeffer
- Muskatnuss

Zubereitung: 25 Min.
Pro Portion etwa: 760 kcal

1 | Zwiebel schälen und fein würfeln. Zucchini waschen, putzen, längs in Scheiben, diese quer in streichholzförmige Stifte schneiden. Walnüsse grob hacken.

2 | Einen großen Topf mit Salzwasser zum Kochen bringen. Nudeln darin in etwa 10 Min. bissfest garen. Währenddessen in einer großen Pfanne Butter schmelzen und Zwiebel darin glasig dünsten. Zucchini bei mittlerer Hitze 5 Min. mitbraten. Sahne dazugießen und mit Salz, Cayennepfeffer und Muskat würzen. Zugedeckt in 5 Min. cremig einkochen lassen.

3 | Nudeln abgießen, mit der Sauce mischen und den Walnüssen bestreuen.

Getränk: Leichter Weißwein, z. B. Frascati

scharf | preiswert

Penne mit Tomatensauce

Penne all'arrabbiata

FÜR 4 PERSONEN

- 1 Zwiebel
- 2 Peperoncini
- 4 EL Olivenöl
- 2 Dosen stückige Tomaten (à 400 g)
- 2 Knoblauchzehen
- 2 reife Tomaten
- 400 g Penne rigate
- 2 Stängel Basilikum
- Salz

Zubereitung: 30 Min.
Pro Portion etwa: 535 kcal

1 | Zwiebel schälen und würfeln, Peperoncini fein hacken. Öl in einem Topf erhitzen und Zwiebel darin glasig dünsten. Tomaten und Peperoncini hinzufügen und zugedeckt bei mittlerer Hitze unter Rühren 10 Min. sämig einkochen lassen. Knoblauch schälen, dazupressen und die Sauce weitere 10 Min. sanft kochen lassen.

2 | Inzwischen einen Topf mit Salzwasser zum Kochen bringen. Die frischen Tomaten darin kurz überbrühen, schälen, entkernen und fein würfeln. Zur Tomatensauce geben und salzen. Penne im kochenden Salzwasser in etwa 10 Min. bissfest garen. Basilikum waschen und in schmale Streifen schneiden.

3 | Penne auf Teller verteilen, je 1 Klecks Tomatensauce darauf platzieren und mit Basilikum garnieren.

Getränk: Kräftiger Rotwein, z. B. Chianti oder Bier

im Bild vorne: **Penne mit Tomatensauce** *im Bild hinten:* **Farfalle mit Zucchini**

gelingt leicht
für Gäste

Orecchiette mit Tunfisch

Orecchiette al tonno

FÜR 4 PERSONEN

- 1 Zwiebel
- 200 g Tunfisch in Öl (Dose)
- 400 g Orecchiette
- 4 EL Olivenöl
- 1 Dose stückige Tomaten (400 g)
- 1 Bund Petersilie
- 1 TL getrockneter Thymian
- 4 EL Kapern
- Salz | Pfeffer

Zubereitung: 20 Min.
Pro Portion etwa: 620 kcal

1 | Salzwasser für die Nudeln zum Kochen bringen. Zwiebel schälen und fein würfeln. Tunfisch abtropfen lassen. Orecchiette im kochenden Wasser in etwa 12 Min. bissfest garen.

2 | Inzwischen in einer großen Pfanne Olivenöl erhitzen, Zwiebel darin anbraten, Tunfisch hineingeben und mit einer Gabel zerpflücken. Nach 2 Min. Tomaten hinzufügen und zugedeckt bei mittlerer Hitze schmoren. Petersilie waschen, Blätter fein hacken. Die Sauce mit Salz, Pfeffer und Thymian würzen und Kapern hinzufügen. Schmoren, bis die Nudeln fertig sind.

3 | Nudeln abgießen und mit Petersilie und der Sauce mischen. Ohne Käse servieren.

Klassiker | preiswert

Gnocchi mit Salbeibutter

Gnocchi burro e salvia

FÜR 4 PERSONEN

- 500 g Gnocchi (Kühlregal)
- 3 Stängel Salbei
- 60 g Butter
- Salz | Pfeffer | Muskatnuss
- Parmesan zum Bestreuen

Zubereitung: 10 Min.
Pro Portion etwa: 245 kcal

1 | Salzwasser zum Kochen bringen. Gnocchi hineingeben und einige Min. im mäßig kochenden Wasser ziehen lassen, bis alle an der Oberfläche schwimmen.

2 | Inzwischen Salbeiblätter in schmale Streifen schneiden. Butter in einer Pfanne schmelzen, aber nicht braun werden lassen und Salbei hinzufügen. Gnocchi abgießen und kurz in der Salbeibutter schwenken. Mit Salz, Pfeffer und Muskat würzen. Mit Parmesan bestreut servieren.

- Getränk: Weißwein, z. B. Pinot grigio

TIPP

Gnocchi selbst zu machen ist ziemlich zeitaufwändig. Deshalb sollten Sie für die Blitzküche auf ein Fertigprodukt zurückgreifen. Gut passen dazu auch die Tomaten-Sahnesauce oder die Gorgonzolasauce von Seite 26.

im Bild vorne: Gnocchi mit Salbeibutter *im Bild hinten:* Orecchiette mit Tunfisch

macht was her

Safranrisotto mit grünem Spargel und Garnelen

Risotto al zafferano con asparagi e gamberetti

FÜR 4 PERSONEN

- 250 g grüner Spargel
- 2 Schalotten
- 3/4 l Gemüsebrühe
- 4 EL Olivenöl
- 250 g Risottoreis
- 1 Döschen Safranfäden
- 1/4 l trockener Weißwein (ersatzweise Gemüsebrühe)
- 250 g geschälte Riesengarnelen
- 80 g Butter
- Salz | weißer Pfeffer

Zubereitung: 30 Min.

Pro Portion etwa: 610 kcal

1 | Den Spargel am unteren Drittel schälen, die trockenen Enden entfernen und die Stangen schräg in 2 cm breite Stücke schneiden. Die Schalotten abziehen und sehr fein würfeln. Die Gemüsebrühe erwärmen.

2 | In einem Topf das Öl erhitzen und die Schalotten darin glasig dünsten. Den Reis und die Safranfäden hinzufügen und bei mittlerer Hitze unter ständigem Rühren 1 Min. anbraten. Mit der Hälfte des Weißweins ablöschen.

3 | Wenn der Reis trocken zu werden beginnt, den restlichen Wein angießen und weiterrühren. Damit der Risotto gelingt, muss er ständig umgerührt werden. Immer wenn der Reis die Flüssigkeit aufgesaugt hat, 1 Schöpfkelle Brühe hinzufügen.

4 | Nach 10 Min. die Spargelstücke dazugeben, nach weiteren 5 Min. auch die Riesengarnelen.

5 | Nach insgesamt 20 Min. sollten Sie regelmäßig probieren: Die Reiskörner müssen noch Biss haben, dürfen aber natürlich nicht hart sein. Dann noch ein paar Minuten weitergaren. Wenn der Risotto fertig, also der Reis weich genug und die Konsistenz cremig, aber nicht zu feucht ist, die Butter unterziehen. Mit Salz und Pfeffer abschmecken und sofort servieren.

- Getränk: Trockener Weißwein, z. B. Chardonnay

TIPP

Der Avorioreis aus der Poebene ist der beste. Die Körner behalten beim Kochen ihren Biss und haben ein feines Aroma.

Secondi piatti: Fisch und Fleisch

In Italien stillt man den Hunger mit dem primo piatto, entsprechend kleiner fallen danach die Fleisch- und Fischportionen aus, die mehr dem Genuss dienen. Da das bei uns aber nicht üblich ist, finden Sie hier eine Kompromisslösung: Mit einem Salat als Vorspeise und etwas Obst als Dessert sind die folgenden secondi piatti als komplette Mahlzeit für 4 Personen gedacht, in einem mehrgängigen Menü reicht die Menge für 5–6 Personen.

Blitzrezepte

Balsamschnitzel
Scaloppine al balsamico

FÜR 4 PERSONEN

➤ **4 dünne Schweineschnitzel | 1 EL Mehl | 1 Knoblauchzehe | 4 EL Olivenöl | 8 EL Aceto balsamico | Salz | Pfeffer**

1 | Schnitzel flach klopfen, salzen, pfeffern und in Mehl wenden. Knoblauch schälen und mit einem Messer zerdrücken.

2 | Öl in einer Pfanne erhitzen, Knoblauch dazugeben. Schnitzel auf beiden Seiten je 3 Min. braten und herausnehmen. Bratensaft mit Balsamico ablöschen und loskochen. Schnitzel in der Balsamicosauce wenden.

Gebratene Garnelen
Scampi

FÜR 4 PERSONEN

➤ **16 Scampi (ohne Kopf, mit Schale, à etwa 50 g) | 5 Knoblauchzehen | 1 Bund Petersilie | 1 Zitrone | 6 EL Olivenöl | Salz | Pfeffer**

1 | Scampi samt Schale mit einem scharfen Messer längs halbieren. Knoblauch schälen, Petersilie waschen und beides fein hacken. Zitrone auspressen.

2 | Olivenöl in zwei großen Pfannen erhitzen und die Scampihälften darin 2 Min. anbraten. Knoblauch und Petersilie hinzufügen. Scampi wenden, salzen, pfeffern und mit dem Zitronensaft beträufeln. Noch 3 Min. braten.

gelingt leicht

Tintenfischpfanne

Calamari in padella

FÜR 4 PERSONEN

- 1 kg mittelgroße Calamari (ganz, mit Bauch und Tentakeln; frisch oder TK)
- 1 Bund Bärlauch (siehe Tipp)
- 6 EL Olivenöl
- 100 ml Weißwein (ersatzweise Wasser und 2 EL Zitronensaft)
- Salz | Pfeffer

Zubereitung: 25 Min.

Pro Portion etwa: 380 kcal

1 | Calamari vorbereiten: gründlich waschen, die durchsichtigen Rückenschilde herausziehen. Fangarme mit den Innereien aus dem Körper ziehen, Innereien und Köpfe entfernen und wegwerfen. Fangarme in Stücke, den Bauch in Ringe schneiden. Den Bärlauch waschen und grob in Streifen schneiden.

2 | In einer Pfanne das Öl erhitzen, Tintenfische darin bei mittlerer Hitze anbraten. Nach 2 Min. mit Weißwein ablöschen und mit Salz und Pfeffer würzen. Zugedeckt weitere 2 Min. schmoren. Den Bärlauch hinzufügen und kurz durchschwenken.

Getränk: Spritziger Weißwein, z. B. Verdicchio

TIPP Bärlauch gibt es nur im Frühling. Sie können ihn durch 2 Zehen Knoblauch und 1 Bund Petersilie ersetzen.

Klassiker | für Gäste

Muscheln in Tomatensauce

Cozze al pomodoro

FÜR 4 PERSONEN

- 2 kg Miesmuscheln
- 1 große Zwiebel
- 4 Knoblauchzehen
- 1 Peperoncino
- 5 EL Olivenöl
- 2 Dosen stückige Tomaten (à 400 g)
- 1 Bund Petersilie
- Salz | Pfeffer

Zubereitung: 30 Min.

Pro Portion etwa: 315 kcal

1 | Muscheln waschen und die Bärte abzupfen. Offene Muscheln wegwerfen. Zwiebel und Knoblauch schälen und mit dem Peperoncino fein hacken. In einem großen Topf Olivenöl erhitzen, Zwiebel, Knoblauch und Peperoncino darin dünsten. Tomaten hinzufügen und kräftig mit Salz und Pfeffer würzen. Die Petersilie waschen und die Blätter hacken.

2 | Die Muscheln in den Topf geben und zudecken. Etwa 8 Min. garen, bis sich die Muscheln öffnen, dabei den Topf von Zeit zu Zeit kräftig rütteln.

3 | Geschlossene Muscheln wegwerfen, sie könnten verdorben sein. Die anderen auf tiefe Teller verteilen, Petersilie darüber streuen. Einen leeren Teller für die Muschelschalen bereitstellen.

Beilage: Weißbrot für die köstliche Tomatensauce

Getränk: Weißwein, z. B. Pinot bianco

im Bild vorne: **Muscheln in Tomatensauce** *im Bild hinten:* **Tintenfischpfanne** ➤

für Gäste | macht was her

Seeteufelmedaillons mit buntem Gratin

Coda di rospo con gratin di patate, zucchini e pomodori

FÜR 4 PERSONEN

➤ **Für das Gratin:**
- 2 Zucchini (etwa 300 g)
- 250 g kleine Strauchtomaten
- 400 g fest kochende Kartoffeln
- 2 Thymianzweige
- 6 EL Olivenöl
- 50 g geraspelter Parmesan
- Salz | Pfeffer

➤ **Für den Fisch:**
- 8 Seeteufelmedaillons (à etwa 80 g)
- 4 EL Zitronensaft
- 6 EL Olivenöl
- Salz | Pfeffer

Zubereitung: 1 Std.

➤ Pro Portion etwa: 515 kcal

1 | Für das Gratin die Zucchini und Tomaten waschen, putzen und in Scheiben schneiden. Die Kartoffeln schälen und ebenfalls in dünne Scheiben schneiden. Alles bereits auf dem Schneidebrett mit Salz und Pfeffer würzen. Die Thymianblättchen von den Zweigen abstreifen und über das vorbereitete Gemüse streuen. Den Backofen auf 180° vorheizen.

2 | Eine Auflaufform mit etwas Olivenöl ausstreichen und die Kartoffel-, Zucchini- und Tomatenscheiben abwechselnd aufrecht stehend dicht an dicht hineinschichten. Mit Olivenöl beträufeln und im Backofen (Mitte, Umluft 160°) 30 Min. backen.

3 | Die Seeteufelmedaillons waschen und mit Küchenpapier trockentupfen. Auf beiden Seiten salzen und mit dem Zitronensaft beträufeln.

4 | Das Gratin im Backofen mit dem geraspelten Parmesan bestreuen und weitere 10 Min. überbacken, bis es eine goldbraune Kruste bekommt.

5 | Gleichzeitig die Seeteufelmedaillons braten. Dazu das Öl in einer Pfanne erhitzen, die Medaillons darin auf jeder Seite 3 Min. braten. Auf vorgewärmten Tellern anrichten und jeweils eine Portion Gratin dazugeben.

➤ Variante: Nicht ganz stilecht, aber lecker: Die Seeteufelmedaillons mit Salz und Orangenpfeffer würzen und den Bratensatz mit frisch gepresstem Orangensaft ablöschen. Zur Bindung der Sauce eisgekühlte Butter unterziehen.

➤ Getränk: Eleganter Weißwein, z. B. Chardonnay

Klassiker

Salbeischnitzel

Saltimbocca alla romana

FÜR 4 PERSONEN

- **8 dünne Kalbsschnitzel (à etwa 80 g)**
- **8 Salbeiblätter**
- **4 Scheiben Parmaschinken**
- **50 g kalte Butter**
- **4 EL Olivenöl**
- **100 ml trockener Marsala (ersatzweise Weißwein bzw. Kalbsfond)**
- **Salz | Pfeffer**
- **Holzzahnstocher**

Zubereitung: 25 Min.
Pro Portion etwa: 570 kcal

1 | Schnitzel beidseitig salzen und pfeffern. Jedes mit 1/2 Scheibe Schinken und 1 Salbeiblatt belegen, mit 1 Zahnstocher feststecken. Butter würfeln und ins Tiefkühlfach stellen.

2 | In einer Pfanne Öl erhitzen und die Schnitzel darin auf beiden Seiten in je 3 Min. goldbraun braten. Aus der Pfanne nehmen und warm stellen.

3 | Das überschüssige Öl aus der Pfanne abgießen. Die Pfanne wieder erhitzen, den Bratensatz mit Marsala ablöschen und unter Rühren loskochen. Die Butter mit einem Schneebesen unter die Sauce rühren, jetzt nicht mehr aufkochen lassen. Je 2 Schnitzel auf einem Teller anrichten und mit der Sauce überziehen.

➤ Beilagen: Safranreis und Buttergemüse

schmeckt auch kalt

Kalbsrouladen

Involtini

FÜR 4 PERSONEN

- **2 Frühlingszwiebeln**
- **250 g Freilandspinat**
- **8 dünne Kalbsschnitzel (à etwa 100 g)**
- **100 g Ricotta**
- **6 EL Olivenöl**
- **100 ml Weißwein (ersatzweise Kalbsfond)**
- **100 ml Kalbsfond (Glas)**
- **Salz | Pfeffer**
- **Holzzahnstocher**

Zubereitung: 45 Min.
Pro Portion etwa: 425 kcal

1 | Frühlingszwiebeln waschen, putzen und in feine Ringe schneiden. Spinat gründlich waschen und die Stiele entfernen. Spinatblätter tropfnass in einem Topf erhitzen und zugedeckt 5 Min. zusammenfallen lassen. Abgießen und auskühlen lassen, dann ausdrücken und auf Küchenpapier auslegen.

2 | Schnitzel auf beiden Seiten mit Salz und Pfeffer würzen. Jeweils dünn mit Ricotta bestreichen (dabei einen Rand von etwa 2 cm frei lassen), mit Spinat und Zwiebeln belegen, salzen und pfeffern. Involtini aufrollen und mit Zahnstochern feststecken.

3 | In einer großen Pfanne Olivenöl erhitzen, Involtini darin rundum goldbraun anbraten. Mit Wein ablöschen und zugedeckt bei mittlerer Hitze 10 Min. schmoren. Kalbsfond hinzufügen, noch 10 Min. köcheln lassen.

➤ Variante: Die Involtini schmecken auch vorzüglich mit Pestofüllung (siehe Titelbild – Rezepte für Pesto auf Seite 11).

im Bild vorne: **Kalbsrouladen** *im Bild hinten:* **Salbeischnitzel** ➤

für Gäste | schmeckt auch kalt

Thymian-Zitronenhähnchen

Pollo al timo e limone

FÜR 4 PERSONEN

- 1 großes Brathähnchen (etwa 1,4 kg)
- 1 Bund Thymian
- 2 unbehandelte Zitronen
- 6 EL Olivenöl
- 1/4 l trockener Weißwein (ersatzweise Hühnerbrühe)
- Salz | Pfeffer

Zubereitung: 1 Std.

- Pro Portion etwa: 625 kcal

1 | Das Hähnchen in 8 Stücke zerteilen. Vom Thymian kleine Ästchen abzupfen und unter die Haut des Hähnchens schieben. Dadurch bekommt das Fleisch ein besonders würziges Aroma. Die Hähnchenteile salzen und pfeffern. Die Zitronen waschen und achteln, dabei eventuell die Kerne herauslösen.

2 | Den Backofen auf 180° vorheizen. In einem Bräter das Olivenöl erhitzen und die Fleischstücke darin rundherum goldbraun anbraten. Dann die Zitronenachtel und die restlichen Thymianzweige hinzufügen und kurz mitbraten. Mit dem Weißwein ablöschen.

3 | Das Hähnchen im Backofen (Mitte, Umluft 160°) in etwa 25 Min. fertig schmoren. Falls die Flüssigkeit zu stark einbrät, noch etwas Wasser hinzufügen.

- Variante: Das geschmorte Hähnchen schmeckt auch sehr gut mit Rosmarin und jungem Knoblauch oder in Butter gebraten mit Salbei.
- Beilage: Gemüsereis
- Getränk: Weißwein, z. B. Chardonnay

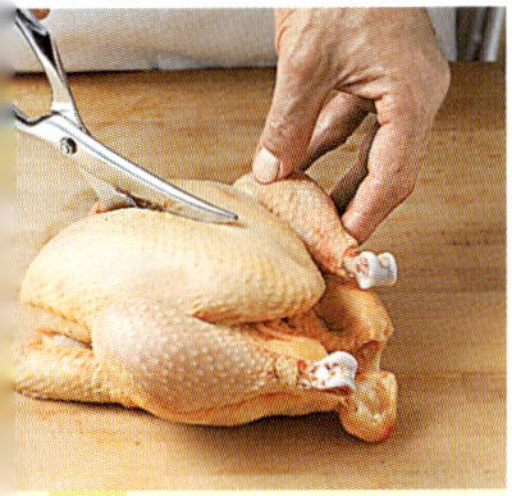

1 **Halbieren**
Mit einer Geflügelschere lässt sich das Hähnchen gut halbieren

2 **Zerlegen**
Keulen und Flügel herausschneiden, Brust quer halbieren

3 **Würzen**
Die Haut etwas vom Fleisch lösen und Thymian darunter schieben

4 **Teile anbraten**
Hähnchenteile anbraten, die Zitronenecken hinzufügen.

Spezialität aus Ligurien | für Festtage

Kaninchen mit Pinienkernen und Oliven

Coniglio con pinoli e olive

FÜR 4 PERSONEN

- **1 Kaninchen (etwa 1,4 kg)**
- **1 Zwiebel**
- **2 Knoblauchzehen**
- **8 EL Olivenöl**
- **100 g Pinienkerne**
- **3 frische Kräuterzweige (z. B. Salbei, Rosmarin, Lavendel)**
- **1 Lorbeerblatt**
- **1/4 l trockener Weißwein (ersatzweise Kalbsfond)**
- **200 ml Kalbsfond (Glas)**
- **200 g schwarze Oliven**
- **Salz | Pfeffer**

Zubereitung: 1 Std.

➤ Pro Portion etwa: 875 kcal

1 | Das Kaninchen in 6–8 Stücke zerteilen, salzen und pfeffern. Die Zwiebel und den Knoblauch schälen und fein hacken. Das Backrohr auf 180° vorheizen.

2 | Das Olivenöl in einem Bräter erhitzen und die Kaninchenteile darin von allen Seiten goldbraun anbraten. Zwiebel und Knoblauch und die Pinienkerne hinzufügen und kurz anrösten, dann die Kräuterzweige und das Lorbeerblatt hineingeben. Mit dem Wein ablöschen.

3 | Das Kaninchen im Backofen 20 Min. (Mitte, Umluft 160°) schmoren. Die Kaninchenstücke umdrehen, etwas Kalbsfond angießen und noch weitere 15 Min. schmoren. Schließlich die Oliven und den restlichen Kalbsfond hinzufügen und in 15 Min. fertig garen.

➤ Beilage: Backofengemüse oder einfach ein Stück Focaccia (italienisches Fladenbrot)

➤ Getränk: Weißwein, z. B. Trebbiano

TIPP

Variante mit Kartoffeln

Nehmen Sie statt Oliven und Pinienkernen 600 g fest kochende Kartoffeln, 250 g Kirschtomaten und die doppelte Menge Kalbsfond: Das Kaninchen wie beschrieben vorbereiten und anbraten. Gehackte Zwiebeln, Knoblauch und Kräuterzweige hinzufügen (am besten passen Rosmarin und Thymian), mit Weißwein ablöschen und in den Backofen stellen. Nach 20 Min. die Kartoffeln schälen und je nach Größe vierteln oder achteln, zum Kaninchen geben und 20 Min. mitschmoren. Ab jetzt regelmäßig mit Kalbsfond aufgießen, weil sich die Kartoffeln während des Schmorens mit der köstlichen Sauce voll saugen. Die Kirschtomaten hinzufügen und in 5 Min. weich schmoren. Die Sauce eventuell noch mit Salz und schwarzem Pfeffer würzen. Zu dieser Variante passt statt Weißwein übrigens durchaus auch ein junger Rotwein, z. B. Merlot.

gelingt leicht | für Gäste

Schweinefilet mit Salsa verde und Rosmarinkartoffeln

Filetto di maiale con salsa verde e patate al rosmarino

FÜR 4 PERSONEN

- 800 g fest kochende Kartoffeln
  4 Rosmarinzweige
  7 EL Olivenöl
  600 g Schweinefilet (von der dicksten Stelle)
  2 Knoblauchzehen
  Salz | Pfeffer
- Für die Salsa verde:
  2 Bund gemischte Kräuter (z. B. Basilikum, Estragon, Kerbel, Petersilie)
  2 Frühlingszwiebeln
  3 EL Weißweinessig
  1 Knoblauchzehe
  6 EL Olivenöl
  Salz | Pfeffer

Zubereitung: 1 Std.

- Pro Portion etwa: 585 kcal

1 | Den Backofen auf 180° vorheizen. Die Kartoffeln schälen, je nach Größe vierteln oder achteln und auf einem Backblech verteilen. Die Rosmarinnadeln von 2 Zweigen streifen und über die Kartoffeln streuen. Mit 4 EL Olivenöl beträufeln und im Backofen (Mitte, Umluft 160°) backen, dabei gelegentlich wenden.

2 | In der Zwischenzeit das Fleisch rundherum salzen und pfeffern. 3 EL Öl in einer Pfanne erhitzen und das Fleisch darin bei mittlerer Hitze von allen Seiten anbraten. Den Knoblauch schälen, andrücken und hinzufügen, ebenso die beiden verbliebenen Rosmarinzweige. Wenn das Fleisch rundherum goldbraun ist, aus der Pfanne nehmen und mit den Kräuterzweigen und dem Knoblauch in Alufolie wickeln. Die Rosmarinkartoffeln etwas zusammenschieben und das Schweinefilet in Alufolie dazu aufs Blech legen. Etwa 12 Min. weiterbacken.

3 | Inzwischen für die Salsa verde die Kräuter und die Frühlingszwiebeln waschen, putzen bzw. Blättchen abzupfen und fein hacken. Alles mit Salz, Pfeffer und Weißweinessig mischen. Den Knoblauch schälen, dazupressen und das Olivenöl unterrühren.

4 | Prüfen Sie, ob das Fleisch schon gar ist: Sobald es sich fest anfühlt, also auf sanften Fingerdruck nicht mehr weich nachgibt, ist es fertig, aber innen noch rosig. Wer das nicht so gerne hat, lässt es noch 5 Min. länger im Ofen.

5 | Das Fleisch aus dem Backofen nehmen und noch 10 Min. in der geschlossenen Folie ruhen lassen, dann in Scheiben schneiden. Die Kartoffeln salzen und zum Fleisch und der Salsa verde servieren.

- Getränk: Kräftiger Rotwein, z. B. Nobile di Montepulciano

TIPP

Mit mehr Öl wird die Salsa verde haltbarer.

raffiniert | für Gourmets

Lammkoteletts mit Balsamicokartoffeln

Costolette di agnello con patate al aceto balsamico

FÜR 4 PERSONEN

- 600 g sehr kleine neue Kartoffeln
- 1 Ei
- 2 EL Semmelbrösel
- 2 EL Parmesan, frisch gerieben
- 2 EL gehackte Kräuter (z. B. Thymian, Rosmarin und Petersilie)
- 12 Lammstielkoteletts (à etwa 60 g)
- 7 EL Olivenöl
- 1/2 Bund Basilikum
- 6 EL Aceto balsamico
- 2 EL Honig
- Salz | Pfeffer

Zubereitung: 50 Min.

Pro Portion etwa: 955 kcal

1 | Die Kartoffeln waschen, eventuell bürsten und mit der Schale kochen. Auskühlen lassen und nach Geschmack schälen oder mit Schale weiterverarbeiten.

2 | Das Ei mit 1 EL kaltem Wasser in einem tiefen Teller verschlagen. Semmelbrösel, Parmesan und Kräuter in einem zweiten Teller mischen. Die Lammkoteletts salzen und pfeffern, das Fleisch kurz durch das Ei ziehen und in der Bröselmischung panieren.

3 | In einer großen Pfanne 4 EL Olivenöl erhitzen und die Kartoffeln darin rundherum knusprig braun braten.

4 | Parallel in einer anderen Pfanne 3 EL Öl erhitzen und die Lammkoteletts darin auf jeder Seite in etwa 3 Min. goldbraun braten. Die fertigen Koteletts im Backofen bei 70° warm halten.

5 | Das Basilikum waschen und die Blättchen in feine Streifen schneiden. Kurz vor dem Servieren den Balsamessig, den Honig und die Basilikumstreifen zu den Kartoffeln geben, kräftig durchschwenken und mit Salz und Pfeffer würzen.

Getränk: Edler Rotwein, z. B. Barolo

TIPP

Wenn Sie kein mehrgängiges Menü anbieten möchten, können Sie die Lammkoteletts mit Balsamicokartoffeln und mit dem Rucolasalat von Seite 20 oder mit zarten grünen Bohnen servieren:
Für 4 Personen 500 g Bohnen waschen, putzen und eventuell trockene Enden abbrechen. In kochendem Salzwasser in 8–10 Min. bissfest garen und sofort in Eiswasser abschrecken, damit sie ihre kräftige Farbe behalten. 2 Schalotten fein hacken und in 4 EL Olivenöl glasig werden lassen. Die Bohnen darin wieder erwärmen. Mit Salz, Pfeffer und etwas gehacktem Thymian würzen.

Dolci e formaggi: Süße Desserts und Käse

Ein fruchtiges oder süßes Dessert macht ein feines Menü erst komplett. Echte Leckermäuler lassen dafür sogar mal das Hauptgericht ausfallen. Und wer eher Lust auf Pikantes verspürt, sollte unbedingt die Birnenfächer mit Gorgonzola oder die Ricottacreme versuchen.

Blitzrezepte

Wassermelone mit Grappa

Cocomero alla grappa

FÜR 12 PERSONEN

➤ 1/4 l Grappa | 1 Wassermelone (etwa 4 kg) | Einwegspritze (Apotheke)

1 | Die Spritze mit Grappa füllen, die Melone damit von allen Seiten einstechen und den Alkohol injizieren. Für mindestens 2 Std. im Kühlschrank durchziehen lassen (sie kann aber auch über Nacht im Kühlschrank bleiben).

2 | Zum Servieren in Spalten schneiden und auf einer großen Platte anrichten.

Käseplatte mit Früchten

Formaggi con frutta

FÜR 10 PERSONEN

➤ 600 g verschiedene Käse (z. B. Gorgonzola, Taleggio, Scamorza, Pecorino, Parmesan) | 500 g Trauben | 5 frische Feigen | Walnusshälften, Pistazienkerne und geröstete Mandeln

1 | Die Käsestücke auf einer Platte anrichten. Die Früchte waschen und dazwischen arrangieren, die Feigen am besten vierteln. Die Nüsse dazwischen streuen – fertig. Reichen Sie dazu Nussbrot oder Ciabatta.

2 | Den Käse oder die vorbereitete Käseplatte 30 Min. vor dem Servieren aus dem Kühlschrank nehmen.

für Gäste | fruchtig

Mascarponecreme mit Erdbeeren

Crema di mascarpone con fragole

FÜR 4 PERSONEN

- 500 g Erdbeeren
- 3 EL Zucker
- 4 cl Orangenlikör (ersatzweise 2 EL Zitronensaft)
- 100 g Sahne
- 2 ganz frische Eigelbe
- 250 g Mascarpone

Zubereitung: 25 Min.
Pro Portion etwa: 490 kcal

1 | Erdbeeren waschen und entkelchen. Die Hälfte beiseite stellen. Die übrigen Früchte in kleine Stückchen schneiden und mit 1 EL Zucker und dem Orangenlikör marinieren.

2 | Die Sahne steif schlagen. In einer Rührschüssel die Eigelbe mit 2 EL Zucker zu einer schaumigen, weißen Creme aufschlagen. Den Mascarpone unterrühren. Die marinierten Erdbeerstückchen und die Schlagsahne unterheben.

3 | Die Mascarponecreme auf vier Dessertschalen verteilen und mit den verbliebenen Erdbeeren garnieren.

TIPP

Rohe Eier

Rohe Eier sind potenzielle Salmonellenüberträger. Falls Sie keine verlässliche Bezugsquelle haben, ersetzen Sie die Eigelbe und 2 EL Zucker besser durch 1/8 l Eierlikör.

gut vorzubereiten
für Gäste

Panna cotta mit Himbeeren

Panna cotta con lamponi

FÜR 4 DESSERTFÖRMCHEN (150 ML INHALT)

- 6 Blatt weiße Gelatine
- 200 g Sahne
- 300 ml Milch
- 2 EL Zucker
- 1 Vanilleschote
- 250 g Himbeeren
- 2 TL gehackte Pistazienkerne

Zubereitung: 25 Min.
Kühlzeit: 4 Std.
Pro Portion etwa: 280 kcal

1 | Die Gelatine 10 Min. in kaltem Wasser einweichen. Die Sahne mit der Milch und dem Zucker in einem Topf erhitzen. Die Vanilleschote längs aufschlitzen, das Mark herauskratzen und dazugeben. Einmal aufkochen lassen, dann vom Herd nehmen. Die Gelatine ausdrücken und in der Sahnemilch mit einem Schneebesen vollständig auflösen. Die Panna cotta in vier Dessertförmchen füllen und in 4 Std. im Kühlschrank fest werden lassen.

2 | Die Himbeeren verlesen. Die Panna cotta mit einem spitzen Messer vom Rand der Förmchen lösen, den Boden kurz in heißes Wasser tauchen und die Creme auf Dessertteller stürzen. Mit den Himbeeren umlegen und mit Pistazien bestreuen.

im Bild vorne: **Panna cotta mit Himbeeren** *im Bild hinten:* **Mascarponecreme mit Erdbeeren** ➤

Klassiker
für Gourmets

Feigen in Rotwein

Fichi al vino rosso

FÜR 4 PERSONEN

- 12 frische Feigen
- 1/2 l kräftiger Rotwein (z. B. Barolo)
- 2 EL Zucker
- 1/2 Vanilleschote
- 1 Zimtstange

Zubereitung: 15 Min.
Kühlzeit: 4 Std.
Pro Portion etwa: 180 kcal

1 | Die Feigen sehr behutsam waschen und mit Küchenpapier abtupfen. Die Früchte samt Schale vierteln, dabei eventuell die harten Stielansätze entfernen, und in eine Schüssel geben.

2 | Den Rotwein mit dem Zucker, der aufgeschlitzten Vanilleschote und der Zimtstange erwärmen, aber nicht aufkochen lassen. Über die Feigen gießen und etwas abkühlen lassen, dann zugedeckt 4 Std. in den Kühlschrank stellen.

3 | Zum Servieren die Vanilleschote und die Zimtstange entfernen, die Feigen und den Wein auf vier Kelchgläser verteilen und italienische Mandelkekse (Cantucci) dazu reichen.

Variante: Die Feigen schmecken auch gut in Vin Santo. Dann den Zucker weglassen.

raffiniert | für Gäste

Gratinierte Pfirsiche

Pesche gratinate

FÜR 4 FLACHE GRATINFÖRMCHEN

- 4 reife Pfirsiche (etwa 500 g)
- 2 EL Zitronensaft
- 2 Eier
- 2 EL Zucker
- 3 EL Amaretto nach Geschmack
- 2 TL geröstete Mandelsplitter
- Butter für die Förmchen

Zubereitungszeit: 30 Min.
Pro Portion etwa: 195 kcal

1 | Die Gratinförmchen mit etwas Butter ausstreichen. Den Backofen auf 220° vorheizen.

2 | Die Pfirsiche kurz mit kochendem Wasser überbrühen und die Haut abziehen. Die Früchte halbieren und vom Kern lösen. Das Fruchtfleisch in schmale Spalten schneiden und dachziegelartig in die Gratinförmchen schichten. Mit etwas Zitronensaft beträufeln, damit die Pfirsiche nicht braun werden.

3 | Die Eier trennen und die Eiweiße sehr steif schlagen. Die Eigelbe mit dem Zucker zu einer schaumigen, weißen Creme aufschlagen. Den Amaretto hinzufügen und den Eischnee unterheben. Die Eiercreme auf den Pfirsichen verteilen und im Backofen (Mitte, Umluft 200°) 10–12 Min. gratinieren. Wenn die Oberfläche goldbraun zu werden beginnt, die Pfirsiche herausnehmen, mit gerösteten Mandelsplittern bestreuen und warm servieren.

macht was her
gut vorzubereiten

Birnenfächer mit Gorgonzola

Pere con gorgonzola

FÜR 4 PERSONEN

- **80 g Walnusshälften**
  150 g Gorgonzola
  2 EL Mascarpone
  schwarzer Pfeffer
  4 reife Birnen

Zubereitung: 20 Min.
➤ Pro Portion etwa: 330 kcal

1 | Walnüsse bis auf 12 grob hacken. Gorgonzola mit einer Gabel zerdrücken, mit Mascarpone verrühren und gehackte Walnüsse unterheben. Mit schwarzem Pfeffer würzen und kühl stellen.

2 | Kurz vor dem Servieren die Birnen schälen, halbieren und vorsichtig die Kerngehäuse herausschneiden. Die Birnenhälften am bauchigen Ende mehrfach längs einschneiden und je 2 fächerförmig auf einem Dessertteller ausbreiten. Je 2 Nocken Gorgonzolacreme neben den Birnenfächern anrichten und mit den verbliebenen Walnüssen dekorieren.

- Beilage: Frisches Nussbrot
- Getränk: anschließend ein Grappa

gut vorzubereiten

Pikante Ricottacreme

Crema di ricotta

FÜR 4 PERSONEN

- **30 g Pinienkerne**
  6 getrocknete Tomaten (in Öl eingelegt)
  10 schwarze Oliven
  1/2 Bund Thymian
  250 g Ricotta
  Salz | Pfeffer

Zubereitung: 20 Min.
➤ Pro Portion etwa: 260 kcal

1 | Pinienkerne in einer Pfanne ohne Fett goldbraun rösten. Die getrockneten Tomaten abtropfen lassen und in kleine Würfel schneiden. Die Oliven entsteinen und ebenfalls fein würfeln. Thymian fein hacken.

2 | Den Ricotta in eine Schüssel geben und mit Salz, Pfeffer und dem Thymian würzen. Tomaten, Oliven und Pinienkerne vorsichtig unterheben. Am besten schmeckt die Ricottacreme auf frisch geröstetem Weißbrot oder zu Olivenbrot.

TIPP

Die Ricottacreme eignet sich sehr gut als Crostini-Aufstrich zum Aperitif, aber ebenso als vegetarischer Brotaufstrich im Alltag. Sie hält im Kühlschrank problemlos 1 Woche, es lohnt sich also, gleich etwas mehr zuzubereiten.

im Bild vorne: **Pikante Ricottacreme** *im Bild hinten:* **Birnenfächer mit Gorgonzola** ➤

So zauben Sie ein mehrgängige

4 Personen – 30 Min.

Menüfolge

Rucola mit Parmesan (Seite 20)
Balsamschnitzel mit Bandnudeln (Seite 35)
Frische Früchte

Das brauchen Sie zusätzlich

500 g Bandnudeln
Obst zum Dessert

So gehen Sie vor

1. Obst waschen und bereitstellen
2. Rucolasalat zubereiten
3. Schnitzel vorbereiten
4. Nudelwasser aufstellen
5. Salat essen
6. Nudeln kochen, parallel Schnitzel braten
7. Hauptgang servieren
8. Obstgang servieren

4 Personen – 1 Std.

Menüfolge

Melone mit Schinken (Seite 13)
Farfalle mit Zucchini (Seite 28)
Mascarponecreme mit Erdbeeren (Seite 52)

Das brauchen Sie zusätzlich

Weißbrot
Parmesan, frisch gerieben

So gehen Sie vor

1. Mascarponecreme vorbereiten und kühl stellen
2. Erdbeeren waschen und beiseite stellen
3. Zucchini und Zwiebel vorbereiten, Walnüsse hacken
4. Melone mit Schinken anrichten, mit Weißbrot auftragen und essen
5. Nudeln kochen, parallel Zucchinisauce machen
6. Nudeln und Parmesan servieren
7. Mascarponecreme mit Erdbeeren dekorieren und auftragen

Menü aus den Rezepten des Buches

4 Pers. – 1 Std. 30 Min.

Menüfolge

Crostini mit Rucolapesto und Bresàola (Seite 14) zum Aperitif

Artischocken mit Knoblauchdipp (Seite 22)

Kaninchen mit Pinienkernen und Oliven (Seite 44)

Birnenfächer mit Gorgonzola (Seite 56)

Das brauchen Sie zusätzlich

Focaccia (italienisches Fladenbrot, ersatzweise Weißbrot)

So gehen Sie vor

1. Gorgonzolacreme zubereiten und kühl stellen
2. Rucolapesto herstellen
3. Knoblauchdip zubereiten
4. Artischocken vorbereiten
5. Kurz bevor die Gäste kommen: Brot für Crostini rösten
6. Kaninchen anbraten und in den heißen Ofen geben, Artischocken auf den Herd
7. Crostini bestreichen und mit den Gästen Aperitif nehmen
8. Artischocken mit Dipp servieren, zwischendurch nach dem Kaninchen sehen
9. Kaninchen mit Focaccia auftragen
10. Birnenfächer mit Gorgonzolacreme anrichten

8 Personen – 2 Std.

Menüfolge

Röstbrot mit Tomaten (Seite 14) zum Aperitif

Zitronennudeln mit gebratenen Scampi (Seite 25, 1/2 Portion pro Person)

Schweinefilet mit Salsa verde (Seite 46)

Käseplatte mit Früchten (Seite 51)

Wassermelone mit Grappa (Seite 51)

Das brauchen Sie zusätzlich

Zutatenmenge für Bruschetta und Schweinefilet mit Beilagen verdoppeln

12 Scampi

Ciabatta und Nussbrot

So gehen Sie vor

1. 2 Std. vorher: Melone und Käseplatte herrichten und kühl stellen
2. Salsa verde und Bruschettabelag zubereiten
3. Kurz vor Ankunft der Gäste die Rosmarinkartoffeln vorbereiten
4. Schweinefilet anbraten, in Alufolie wickeln
5. Weißbrot rösten und bestreichen
6. Kartoffeln in den heißen Ofen schieben
7. Aperitif und Bruschetta reichen
8. Linguine zubereiten, Scampi halbieren, in Öl braten und je 3 Hälften auf Linguine verteilen
9. Schweinefilet in den heißen Ofen geben
10. Zitronennudeln mit Scampi servieren
11. Schweinefilet mit Beilagen servieren
12. Käse mit Nussbrot und danach die Wassermelone auftragen

Zum Gebrauch

Damit Sie Rezepte mit bestimmten Zutaten noch schneller finden können, stehen in diesem Register zusätzlich auch beliebte Zutaten wie Gnocchi – ebenfalls geordnet und **halbfett** gedruckt – über den entsprechenden Rezepten.

Die Autorin

Margit Proebst, Jahrgang 1957, studierte Kunstgeschichte und Philosophie in München. Daneben baute sie einen kleinen Partyservice auf und von Zeit zu Zeit übernimmt sie Aufträge als Foodstylistin. Die Liebe zur Kunst – und zum guten Essen – führt sie regelmäßig auf ausgedehnte Reisen, bevorzugt durch Italien, Spanien und Frankreich, wodurch auch ihre Sammlung an Rezepten und Kochbüchern kontinuierlich wächst. Seit 1999 arbeitet sie als Kochbuchautorin in München.

Der Fotograf

Michael Boyny hat nach abgeschlossenem Studium und verschiedenen Assistenzen 1992 in München sein eigenes Fotostudio gegründet. Seinen Schwerpunkt hat er auf Reise- und Foodfotografie gelegt und arbeitet für Zeitschriften- und Buchverlage. Immer wieder lassen sich so beide Hauptaspekte seiner Arbeit reizvoll verbinden.

Hinweis

Die Temperaturstufen bei Gasherden variieren von Hersteller zu Hersteller. Welche Stufe Ihres Herdes der jeweils angegebenen Temperatur entspricht, entnehmen Sie bitte der Gebrauchsanweisung.

Bildnachweis

FoodPhotograph Eising, Martina Görlach: Titelfoto
Stockfood: S. 3, S. 8, S. 9
Teubner Foodfoto: S. 4, S. 5
Alle anderen: Michael Boyny, München

Redaktionsleitung:
Birgit Rademacker
Redaktion: Tanja Dusy
Lektorat:
Adelheid Schmidt-Thomé
Satz und Herstellung:
Verlagssatz Lingner
Layout, Typografie und Umschlaggestaltung:
Independent Medien Design, München
Herstellung:
Helmut Giersberg
Reproduktion:
Repro Schmidt, Dornbirn
Druck und Bindung:
Druckhaus Kaufmann, Lahr

ISBN 3-7742-4894-X

Auflage 5. 4. 3.
Jahr 2006 05 04 03

Das Original mit Garantie

Ihre Meinung ist uns wichtig. Deshalb möchten wir Ihre Kritik, gerne aber auch Ihr Lob erfahren, um als führender Ratgeberverlag für Sie noch besser zu werden. Darum: Schreiben Sie uns! Wir freuen uns auf Ihre Post und wünschen Ihnen viel Spaß mit Ihrem GU-Ratgeber.

Unsere Garantie: Sollte ein GU-Ratgeber einmal einen Fehler enthalten, schicken Sie uns das Buch mit einem kleinen Hinweis und der Quittung innerhalb von sechs Monaten nach dem Kauf zurück. Wir tauschen Ihnen den GU-Ratgeber gegen einen anderen zum gleichen oder ähnlichen Thema um.

Ihr Gräfe und Unzer Verlag
Redaktion Kochen
Postfach 86 03 25
81630 München
Fax: 089/41981-113
e-mail: leserservice@graefe-und-unzer.de

VORRAT

- ein Sortiment Ihrer Lieblingspastasorten
- stückige Tomaten in Dosen
- Knoblauch und Olivenöl
- ein Stück frischer Parmesan
- frische Kräuter, Salatzutaten und Obst

Geling-Garantie für Italienische Blitzmenüs

MENGEN FÜR NUDELGERICHTE

- Als Vorspeise in einem 3- oder 4-gängigen Menü pro Person 60–80 g
- Als Hauptgericht 100–120 g pro Person
- Gnocchi: 100 bzw. 150 g pro Person
- Risottoreis: 40 bzw. 60 g Reis

SALATSAUCEN

- Salz und Pfeffer, dazu eventuell Schalottenwürfelchen oder Knoblauch mit dem Essig – vorzugsweise Aceto balsamico – verrühren, bis sich das Salz aufgelöst hat.
- Zum Schluss das Olivenöl hinzufügen und weiterrühren, bis eine cremige Emulsion entsteht.
- 2 Teile Essig – 5 Teile Öl

KRÄUTER AUF DEM FENSTERBRETT

- Rosmarin, Thymian, Salbei, Oregano und Basilikum gedeihen auch an einem sonnigen Plätzchen auf der Fensterbank.
- Rosmarin, Thymian und Salbei lieben es trocken. Basilikum braucht täglich reichlich Wasser.